Cabinet du Comte P. DE CORNEILLAN

GENTILHOMME ORDINAIRE DE S. A. R. MGR LE COMTE D'ARTOIS

ET

CHAMBELLAN DE S. M. LE ROI DE PRUSSE

ESTAMPES

PAR LES MEILLEURS MAITRES

DES DIVERSES ÉCOLES

PORTRAITS

ÉCOLE FRANÇAISE, XVIIIᵉ SIÈCLE

VENTE

Les 11, 12 & 13 Décembre 1865.

EXPOSITION PUBLIQUE

Le Dimanche 10 Décembre 1865, de 1 heure à 4 heures.

<table>
<tr><td>Me DELBERGUE-CORMONT</td><td>M. VIGNÈRES</td></tr>
<tr><td>COMMISSAIRE-PRISEUR</td><td>MARCHAND D'ESTAMPES</td></tr>
</table>

(218ᵉ)

PARIS — 1865

VIGNÈRES

Rue de la Monnaie, 13, à l'entresol,

ENTRÉE RUE BAILLET, 1.

ESTAMPES ANCIENNES & MODERNES

Éditeur des Eaux-Fortes, Paysages et Plantes

DE M. EUG. BLÉRY,

Collection de plus de 50,000 Portraits différents

ANCIENS ET MODERNES

Classés comme suit et par ordre alphabétique :

ÉCRIVAINS. Littérateurs. Poëtes, Géographes, Mathématiciens.
ARTISTES. Peintres. Sculpteurs, Architectes, Graveurs.
MUSICIENS. Compositeurs et Exécutants.
ACTEURS et ACTRICES de toutes époques et de tous pays.
MÉDECINS. Botanistes, Chirurgiens, Minéralogistes, Naturalistes.
ECCLÉSIASTIQUES. Religieux, Catholiques, Réformés, Juifs.
CARDINAUX. — PAPES. — SAINTS et SAINTES.
DIVERSES CÉLÉBRITÉS. Chanceliers, Juges, Militaires, etc., etc.
RÉVOLUTIONS et EMPIRE. Députés et Généraux.
FEMMES CÉLÈBRES en tous genres.
CONDAMNÉS pour crimes, vols; Scélérats divers.
ORIENTAUX. Doges, Perses, Turcs, etc.
POLONAIS. Hongrois, Russes, etc.
ANTIQUES. Personnages célèbres de l'Antiquité (Grecs et Romains).
ROIS ÉTRANGERS et MAISONS PRINCIÈRES françaises et étrangères.
ROIS DE FRANCE classés chronologiquement.
COLLECTION classée par ordre alphabétique de Graveurs anciens
    et modernes.
PORTRAITS en BISTRE. Collection de portraits inédits ou rares
    reproduits nouvellement par la gravure.

Plus de 1,200 Portraits différents de la Galerie de Versailles,

Très-convenables pour les illustrations
et pour joindre avec les AUTOGRAPHES étant tirés à part, in-4°.

Le Catalogue détaillé par ordre alphabétique, 1 fr.

Afin de faciliter les recherches des amateurs de Portraits, soit pour les illustrations, soit pour les collections d'autographes ou autres; *deux catalogues détaillés* (n° 1 — n° 2), de quelques collections de portraits qui peuvent se trouver chez moi, classés par ordre alphabétique, seront remis ou envoyés aux personnes qui en feront la demande affranchie.

RENOU et MAULDE, imprimeurs de la Compagnie des Commissaires-Priseurs,
rue de Rivoli, 144.   45650

CATALOGUE

D'ESTAMPES

PAR LES MEILLEURS MAITRES

DES

Écoles Allemande, Anglaise, Flamande, Française & Italienne ;

PORTRAITS

ÉCOLE FRANÇAISE, XVIIIe SIÈCLE

ET PIÈCES EN COULEUR

AYANT FAIT PARTIE DU CABINET

Du Comte Pierre De CORNEILLAN

GENTILHOMME ORDINAIRE DE S. A. R. MGR. LE COMTE D'ARTOIS

et

CHAMBELLAN DE S. M. LE ROI DE PRUSSE

DONT LA VENTE AURA LIEU

HOTEL DES COMMISSAIRES-PRISEURS, RUE DROUOT, 5

Salle N° 3, au premier étage

Les Lundi 11, Mardi 12 et Mercredi 13 Décembre 1865

A UNE HEURE PRÉCISE

Me **DELBERGUE-CORMONT**, Commissaire-Priseur,
rue de Provence, 8,

Assisté de **M. VIGNÈRES**, marchand d'Estampes,
rue de la Monnaie, 13, à l'entresol, entrée rue Baillet, 1,

CHEZ LEQUEL SE DISTRIBUE CE CATALOGUE.

EXPOSITION PUBLIQUE

Le DIMANCHE 10 DÉCEMBRE 1865, de une heure à quatre heures.

PARIS — 1865

ORDRE DES VACATIONS

1re Vacation. — **11** *Décembre.*

Nos **1 à 226**

2e Vacation. — **12** *Décembre.*

Nos **227 à 455**

3e Vacation. — **13** *Décembre.*

Nos **456 à 661**

CONDITIONS DE LA VENTE

Elle sera faite au comptant.

Les Acquéreurs paieront, en sus des adjudications, cinq pour cent applicables aux frais.

M. VIGNÈRES, dirigeant la Vente, se charge des Commissions.

Nota. Toute commission sans prix fixé ou sans limite déterminée sera regardée comme nulle.

M. Vignères se charge de faire marquer les prix aux Catalogues des ventes qu'il a faites. Les personnes qui le désirent peuvent s'adresser à lui *franco.*

Les Catalogues des Ventes à faire seront envoyés à toute personne qui en fera la demande *offranchie.*

Avis. — Nous prions MM. les Amateurs éloignés de ne pas attendre au dernier jour, pour que les lettres arrivent le matin de la vente ; ils comprendront que quelques lettres peuvent se lire, mais de 20 à 50 lettres, c'est difficile.

Nathan   2

Dew.   8   Nathan   6

Nichol   3

Dew,   8 25

ESTAMPES

PAR LES MEILLEURS MAITRES

DES

Écoles Allemande, Anglaise, Flamande, Francaise & Iitalienne.

1 **Aliamet**. Ancien port de Gênes. In-fol. d'ap. *Berghem.*

2 **Audran** (Gérard). Martyre de saint Laurent, d'ap. *Lebrun.* En hauteur.
— Le Portement de croix, d'ap. *Mignard*
— Martyre de saint-André, d'après *Le Guide.*
Ces trois pièces sont grand in-fol.

3 **Bartolozzi** et **Byrne**. Mort du capitaine Coock. Superbe et très-rare ép. avec le chapeau blanc. Lettres tracées, marge.

4 — Le même. Sup. ép. avec la lettre.

5 — Le même. Anonyme. Réduction au quart. Sup. ép. avant toute lettre.

6 — Adam et Ève dans le Paradis, par *Cipriani.*

7 **Bartolozzi**. La Vierge au sac, d'ap. *André del Sarto.* Superbe ép. avant la lettre. Marge.

8 **Bartsch** (Adam). Attaque d'un des côtés de la forteresse d'Oczakow, par les Russes, commandés par le prince Potemkin. Grand in-fol., rare.

9 **Bervic**. L'Enlèvement de Déjanire — l'Education d'Achille. 2 p. Magnifiques ép., grandes marges.

10 **Bervic**. L'Innocence, d'ap. *Mérimée*. Magnifique ép. avant la lettre.

11 –- La même. Superbe ép. avec la lettre. Marge.

12 **Browne** (J.). Adonis enlevé par Vénus. — Diane trompée par Vénus. 2 beaux paysages ornés de figures, d'ap. *Swanevelt*. Très-belles ép.

13 **Cardon**. Le Ganimède de *Rembrandt*. Magnifique ép. avant la lettre, imprimée au bistre. Grande marge, rare.

14 –- Le même en noir, avec la lettre. Sup. ép.

15 **Chodowiecki**. Cécile. 12 p. — Die Indianer in England, 12 p. — Haleluia. — Regard de belle dame. — Baa avec différence. — Histoire de Marie-Antoinette, 6 p. sur une seule feuille. — Les Hommes célèbres d'Alexandre à Brunswick, 12 p. sur une feuille. — Histoire de Frédéric le Grand, 12 p. avant la lettre et avec les croquis dans les marges, sur une feuille. — Vignettes pour l'histoire du Refuge, avec les portraits au bas, et la planche réduite, et autres vignettes pour divers ouvrages avant la lettre, différents états jusqu'à 5, etc. 145 p. très-belles ép. Pourra être divisé.

16 **Corneillan** (P. comte de). Vénus allaitant l'Amour, 2 petites vues de Suisse, 4 scènes suisses, le Départ et le Retour du soldat suisse. 8 p. la plupart d'ap. Freudenberg. Très-rares.

17 **Cunego**. Paysage d'ap. *Guaspre* en hauteur. — Vue maritime par *Basan*. 2 p.

18 **David**. Le Marché aux herbes d'Amsterdam, d'ap. *Metzu*. Sup. ép.

Linn. 20

Serv. 5. Dob. 4.

Sepp 2.

Papil. 5. Michel 10

Michel   3

Capdevit   10

Mathron   3

Dob.   100   Weigt   130   Michel   35

Weigt   80   Michel   35

Pap.   3.50

Pap.   4

Pap   3.50

19 **David** (D'ap. Louis). Les Amours de Pâris et d'Hélène, par *Vidal*. Très-belle ép.

20 **Dixon**. Ugolin, d'ap. *Reynolds*. Très-belle ép. grand in-fol. Marge.

21 **Drevet**. Louis XV enfant conduit par Minerve au temple de l'Immortalité, d'ap. *Coypel*. Très-belle ép.

22 — Saint Bruno en prières, d'ap. *Jouvenet*. Très-belle.

23 — Adam et Ève. — Abraham prêt à sacrifier son fils. 2 p. d'ap. *Coypel*.

24 — Mariage de la Vierge d'ap. *Jouvenet*. — Présentation au temple. Grand in-fol. d'ap. *Boullongne*. 2 p.

25 **Earlom**. Les Fleurs — les Fruits, d'ap. *Van Huysum*. 2 p. Magnifiques ép. avant la lettre et avant la devise dans les banderoles des armes. Premières planches, marges.

26 — Les mêmes. Magnifiques ép. avant la lettre, avec les devises dans les banderoles des armes. 2 p. avec marge.

27 — Girl and Pigs, d'ap. *Gainsboroug*. Superbe ép., lettre blanche.

28 — La même avec la lettre. Très-belle.

29 — Lion terrassant un sanglier, d'ap. *Snyders*. Sup. ép. avant la lettre.

30 — A concert of Birds, d'ap. *Mario di fiori*. Très-belle ép. en bistre.

31 — Lioness and Whelps, d'ap. *Northcote*. Très-belle ép. lettre blanche. — Une Tigresse, par Rhein, d'ap. *Rubens*. 2 p.

32 Earlom. La Sorcière passant devant Cerbère, d'ap. *Téniers*. Grand in-fol. Sup. ép.

33 — L'Académie de Londres, d'ap. *Zoffany*. Sup. ép. avant la lettre, grand in-fol.

34 École anglaise. Compositions tirées des œuvres de Shakespeare. King Lear, par *Sharp*. — Marchand de Venise, par *Browne*. — Beaucoup de bruit pour rien, par *Simon*. — Le Songe d'une nuit d'été. 4 p. in-fol. en travers.

35 — Le roi Henri VI. — Beaucoup de bruit pour rien. — Les Commères de Windsor. 4 p. in-fol. en hauteur. Très-belles ép. marge.

36 École italienne. Tentation de saint Antoine, d'ap. *Tintoret*. — Le Parnasse profané, par un monogrammiste. — La Carcasse, d'*Aug. Vénitien*. 3 p.

37 Edelinck. Combat des quatre cavaliers, d'ap. *Léonard de Vinci*.

38 — Le Christ aux anges, d'ap. *Lebrun*. Très-grand in-fol. en deux feuilles jointes et collées.

39 Facius. Danaé, d'ap. *Titien*. Composition différente de celle en pendant de Vénus. Belle ép.

40 Fischer. Christus in Templo disputans, d'ap. *Ribera*. Très-belle ép. Marge.

41 Frey (J.-J.). Saül et Ananie — la Mort de sainte Anne. 2 p. en hauteur.

42 Gandolfi. Santa Maria Maddalena, d'ap. *Carrache*. Charmante p. in-8 en rond. Sup. ép., grande marge.

Pap. 6

Pap. 3.

Pap. 3.

Derr. 5

Derr 2.   Michel 9

Laperdrix 12.50

Derr 4.

Michel 5   Denv. 2

            Lind 8

            Pap. 4

            Fenrot 2

            Lind 3

Mathion 3   A.A. 5

            Pap. 3

43 Gaugain (Th.). Mort du prince Léopold de Brunswick. — Portraits des naufragés du Centaure. 2 p. in-fol. d'ap. *Northcote*.

44 Green (V.). A youth rescued from a Shark (le Requin), d'ap. *Copley* 1778. Très-belle ép., le titre tracé à la pointe.

45 — L'École hollandaise, d'ap. *J. Stein*. Sup. ép. avant la lettre.

46 — A. Winter's Tale (conte d'hiver), d'ap. *Opie*. Très-belle ép., le titre tracé.

47 — Naissance de Vénus, d'ap. *Burry*. In-fol. Très-belle p. en manière noire.

48 Hall (J.). Timon d'Athènes, d'ap. *Dance*. In-fol. Très-belle ép.

49 Hammer. Vue d'un côté de l'intérieur du dôme d'Erfurth.

50 Heath (J.). Mort du major Pierson, d'ap. *Singleton*. Grand in-fol. lettre blanche.

51 — Le même, avec la lettre. Très-belle ép.

52 Huchtenburg. Der Turken Ondergang. Belle ép.

53 Jacobé. Prise du cerf au clair de lune et des flambeaux, d'ap. *Casanova*. Très-grand in-fol.

54 — Tigre tué en Amérique par le prince de Nassau-Siegen, d'ap. *Casanova*. Très-grand in-fol.

55 — Le même avant la lettre, les noms d'artiste seulement.

56 Jordaens (D'ap.). Philémon et Baucis. Grand in-fol. par *Lauvers*. Belle ép.

57 — Le jeune Pan gardant ses chèvres, par *Bolswert*. — Le Satyre et le Paysan, par *Neefs*. 2 p.

58 Jouvenet (D'ap.), qui a peint en 1717 de la main gauche, ayant la droite paralysée. Magnificat. Sup. ép. par *Simon Thomassin*. In-fol., grande marge.

59 — La Pêche miraculeuse, par *J. Audran*. — Jésus guérissant, par *Desplaces*. 2 p. grand in-folio. Belles ép.

60 Kilian (P. And.). Abraham prêt à sacrifier son fils. Grand in-fol.

61 Knight. Scarcity in India. — British Plenty. 2 p. in-fol. d'ap. *Singleton*.

62 Langlois (P.-G.). L'Éducation badine, d'après *Schalcken*.

63 Lebrun (D'ap.). Saint Étienne martyr, et fragment. 2 p.

64 Leclerc (Séb.). L'Apothéose d'Isis. — Passage de la Forêt-Noire. 2 p.

65 Lepautre. Face extérieure — fond de la grotte de Versailles. 2 p. in-fol.

66 Lerpinière. Le Veau d'or d'ap. Claude Lorrain. — Moïse sauvé, d'ap. *Zuccarelli*. 2 beaux paysages grand in-fol. Très-belles ép.

67 Lithographie (Débuts de la). Vues avec costumes italiens signés *E. M. — L. O.* 4 p.

68 Masson. In hoc signo vinces, Sainte Famille collée en plein.

69 — Les Disciples d'Emmaüs (dit la Nappe). Belle épr.

70 Miéris (D'ap.). Le Buveur trop grave, par *Halbou*. Belle ép., marge.

Derv. 2.

Derv. 3

Heil 3

Heil 12. Drug 20 . Capsuit 20

.Rep. 1.50

Heurat 2 50   Michel 4

Michel 5

Michel 3   Sol. 6

Michel 3
Michel 4

Heurat 2 50   Sol 3

Sol. 3

Michel 4

Michel 3

Michel 4

R.   Heurat 3.   Lind 4

Michel 4

Michel 3

Dob, 19   Herzog 30

71 **Morghen** (Raphaël). Son portrait de profil dirigé à droite, dessiné et gravé par son élève *N.
Palmerini*. Ovale in-8. Superbe ép. toute marge.

72 — Vittorio Alfieri da Asti. Ovale in-8, lettre blanche. Superbe. ép., toute marge.

73 — Benvenuto Cellini. In-8 d'ap. *Vasari*. Superbe
ép. toute marge.

74 — Boccace. In-4. Sup. ép. toute marge.

75 — Lord Byron, d'après le buste de *Bartolini*.
In-4. Sup. ép. toute marge.

76 — Canova, profil médaillon d'après lui-même.
Sup. ép. toute marge.

77 — Les Triumvirs Crassus, Jules César, Pompeius,
3 médailles superposées. Très-petite pièce très-
rare.

78 — Charles III roi d'Espagne. In-8 en travers
pour son oraison funèbre. 1er état. Sup. ép.

79 — Charles III roi d'Espagne. In-4 d'ap. *R.
Menghs*. Sup. ép. marge.

80 — Charles-Louis infant roi d'Étrurie. — Marie-
Louise régente. **2** médailles en regard d'ap. *Santa-
relli*. Sup. ép. in-8 en travers, grande marge.

81 — Dante. In-4, d'ap. *Tafanelli*. Sup. ép. (dite
n° 19, du 1er cent), toute marge.

82 — Ferdinand III, grand-duc de Toscane. et sa
femme. **2** portraits in-4, toute marge.

83 — François Ier, empereur d'Autriche. Profil in-4.
Sup. ép., toute marge.

84 — **Hamilton (Lady) sous les traits de Thalie.
Sup. ép. in-fol., grande marge.**

85 **Morghen**. Léonard de Vinci. Grand in-4. Sup. ép., lettre blanche dite avant la lettre, toute marge.

86 — Léonard de Vinci. Sup. ép., lettre grise dite du premier cent, toute marge.

87 — Niccolo Macchiavelli. Ovale in-8, lettre blanche. Sup. ép., marge.

88 — G.-J. Mayer d'Augsbourg. In-fol. Sup. ép., toute marge.

89 — Laurent de Médicis. Sup. ép., toute marge.

90 — Raphaël Morghen, profil dirigé à gauche, dessiné et gravé par lui-même à la pointe sèche. In-4. Superbe ép. dite avant la lettre, avec une seule ligne d'écriture et l'adresse de Bardi. Grande marge.

91 — Raphaël Morghen, avec la lettre, en six lignes d'écriture et l'adresse. Très-belle ép., grande marge.

92 — Domenica Volpato Morghen. Ovale in-8, d'ap. *Angelica Kauffmann*. Magnifique ép., lettre blanche, grande marge.

93 — Saint Philippe de Neri. In-4. Sup. ép., toute marge.

94 — Le prince d'Orange? d'ap. *Mirevelt* Sup. ép., toute marge.

95 — S. M. Maddalena de Pazzi commencée par *Calendi* et terminée par *Morghen*. Sup. ép., toute marge.

96 — Pie VII. Petit in-fol., d'ap. *Bazzoli*. Sup. ép., toute marge.

97 — Raphael Sanzio d'ap. lui-même. Magnifique ép. toute marge.

Michel 8.   2

Lind 4. Michel. 6. Dob. 25   R

Michel. 3.

Michel 8. Dob. 14.
Sol   3   Michel 12
on.

Sol   3   Michel 7

Sol   6   Michel 7   R. 20

Michel 5   Dob. 14.

Michel 12

Michel 5   Herrot. 3

Lind 3.80   Dob. 20

Gabriel 10

Michel 3

Litchfield 12

Litchfield 10

Michel 12

Kenrot 5

Kenrot 10   Pap. 10

Dob 6   Michel 4   Sal. 5

R 20

98 **Morghen**. Fortunata Sulgher Fantastici. Ovale
in-8. Sup. ép., grande marge

99 — Turchi évêque précepteur de Ferdinand Ier.
In-4. Sup. ép., toute marge,

100 — Jean Volpato, d'ap. *A. Kauffman*. In-4. Sup.
ép., grande marge.

101 — Médaille de Zuccagnio, médecin, face et revers en reconnaissance des soins qu'il en avait
reçus dans une grande maladie. In-fol. Sup. ép.,
grande marge rare.

102 Esculape, — Higie, 2 bas reliefs antiques avec
dédicace, in-fol. Sup. ép. Marge. Rare.

103 — La princesse de Holstein—Beck et sa famille. Grand in-fol. en hauteur, d'ap. *Ang. Kauffman*. Sup. ép., toute marge.

104 — Mausolée de Clément XIII, d'ap. *Canova*.
Grand in-fol. en travers. Sup. ép.

105 — Marquis de Moncade à cheval, d'après *Van Dyck*.
Sup. ép., grand in-fol., toute marge.

106 — L'invention du dessin. Très-petite vignette
très-rare avec texte au revers (Dibutade).

107 — Profil de la Fornarine, tiré de la Transfigura-
tion, gravé sur une planche d'argent in-8 ronde.
Sup. ép., grande marge, rare.

108 — Jupiter, médaillon. Sup. ép., Ier état, avec
Effosus au lieu d'*Effossus*, grande marge.

109 — Salvatore, d'ap. *Carlo Dolci*. Très-petite p.,
sup. ép., grande marge.

110 **Morghen.** Madona col Bambino, d'ap. *L. Cara-*
che; — Saint Joseph, par *Longhi*, d'ap. *Albertoli*. **2**
très-petites pièces en pendant. Superbes ép.,
grandes marges.

111 — Le Sauveur, Tres sunt qui Testimonium, d'ap.
Léonard de Vinci. Sup. ép., lettre blanche, toute
marge.

112 — Le même. Sup. ép., la lettre ombrée, toute
marge.

113 — Sic Deus dilexit mundum, d'ap. *Carlo Dolci*.
Jésus montrant ses plaies. Sup. ép., lettre blanche,
toute marge.

114 — Le même. Sup. ép. avant la lettre ombrée,
toute marge.

115 — Fides salvam fecit, la Madeleine tenant le vase
de parfums, d'ap. *Carlo Dolci*. Sup. ép., toute
marge.

116 — La Madonna col Bambino et saint Jean, d'ap.
Andrea del Sarto. In-fol., très-belle ép., grande
marge.

117 — La Poésie, d'ap. *Hamilton*. Sup. ép., grande
marge.

118 — Thesée vainqueur du Minotaure, d'ap. le groupe
en marbre de *Canova*. Première et Sup. ép. sur
papier romain fort.

119 — La Justice, — la Poésie, — la Philosophie, —
la Théologie. 4 sujets allégoriques, dans des ronds
équarris, in-fol., d'ap. *Raphael*. Sup. ép , grandes
marges.

120 — Angélique et Médor, d'ap. *Matteini*. Très-belle
ép. in-fol., grande marge.

Sal. 15 Michel 7

Pap. 4 Michel 10

Pap. 7 Cupresii 20 Michel 13

Michel 12

Lind 24, Michel 30

Pap. 4 Michel 15

Michel 15   Pap. 5

Michel 20

Michel.. 22   Capitani 20   Pap. 5

            Michel 30   Pap. 4

                    [illegible]

Michel 15   Pap. 8

                    Michel 22

Michel 13.   Bichette 25

            Michel 16   Pap. 8

Michel 21

Michel 7.   Dew. 2.

Michel 3.   Lind 4

Michel 8

121 Morghen. La Charité, d'ap. *Corrège*. Sup. ép.. toute marge.

122 — Mater pulchræ dilectionis, dite la Vierge au chardonneret, d'ap. *Raphael*. Très-belle ép., grande marge.

123 — Madeleine pénitente, d'ap. *Murillo*. Sup. ép., toute marge.

124 — Loth et ses filles, d'ap. *Guerchin*. Sup. ép. avant la lettre, toute marge.

125 — Noli me tangere, d'ap. *Baroche*. Sup. ép. toute, marge.

126 — La Madone au sac, d'ap. *André del Sarte*. Sup. ép., grand in-fol., grande marge.

127 — Le Miracle de Bolsène ou la Messe, d'ap. une des loges du Vatican. Grand in-fol. en travers.

128 — Le Temps faisant danser les Saisons, d'ap. *N. Poussin*. Sup. ép., marge.

129 — Le Parnasse : Apollon au milieu des Muses, d'ap. *R. Mengs*. Sup. ép., grand in-fol.

130 — Celebre mascherata fatta nella splendidissima citta di Napoli, etc., représentant le voyage en 1778 du grand seigneur à la Mèque. 12 pl., dont titre, table des planches, imprimé en bistre, très-rare, marge.

131 Morghen direxit. Madeleine pénitente, par *Nocchi*. In-4, grande marge.

132 — Guido Reni. In-4, par *Cipriani*. Très-belle ép., marge.

133 — La Paix, d'ap. *Lesueur*, par *Cipriani*. Sup. ép., grande marge.

134 **Morghen** dir. Quomodo gentes, Saint Pierre, d'ap. le Guide, par Cipriani. Sup. ép., toute marge.

135 **Morghen** (Antoine). Ecce Salvator mundi, d'ap. *Cavallucci.* Sup. ép., toute marge.

136 — Endymion, d'ap. *Guerchin.* Sup. ép., toute marge.

137 **Muller** (Jean). Loth et ses filles, — Persée armé par Mercure et Minerve. **2 p.**

138 **Muller.** Sainte Cécile, d'ap. *Dominiquin.* Avant toute lettre, et une épreuve d'essai de sainte Cécile seulement, le reste étant à peine encré. **2 p.**, rares.

139 **Muller** (Fréd.). Saint Jean évangéliste, d'ap. *Dominiquin*, 1812. Grande marge,

140 — Adam et Ève, d'ap. *Raphael.* Grande marge.

141 **Muller** (J. G. Von). Loth et ses filles, d'ap. *Honthorst.* Rare ép., avant les filets terminés.

142 — La même, avant toute lettre, magnifique ép.

143 — La Vierge et Jésus, d'ap. *Spada.* Avant toute lettre.

144 — La même, avec la lettre blanche, Superbe.

145 **Nutter** (W.). Funérailles du général Fraser, d'ap. *Graham.* Très-belle ép. avec trait explicatif.

146 **Paton** (D'ap. R.). La Flotte russe dans les combats des 5 au 7 juillet 1770. **4 p.** in-fol.

147 — Différents combats maritimes en 1780, 1781, 1782. **5 p.**

148 **Phillips.** Isaac bénissant Jacob, d'ap. l'*Espagnolet.* Sup. ép. avant la lettre, marge.

149 **Pichler** (J.). Vénus désarmant l'Amour, d'ap. *Corrège,* magnifique ép. avant la lettre, marge.

Serv. 3.   Michel 12

Sp. 3.   Serv. 2.75

Serv. 3   Michel 10
ou
Serv   Michel 7

Drug 25

Lajardal 12.50

Michel 12

Michel 8

Desv. 2   Sol. 4

Desv 3.

Michel 10

Michel 5   Desv. 4   Mathon 4.75
Non

[illegible]   Lapostic 10.50 Sol. 10

150 — Salmacis et Hermaphrodite. Magnifique ép. avant toute lettre.

151 — Diane et Actéon. — Naissance d'Adonis. 2 p. d'ap. *M. A. Franceschini.* Grand in-fol. en hauteur, Superbes ép. avant la lettre.

152 — Résurrection de Lazare, d'ap. *Rembrandt.* Sup. ép. grand in-fol, avant toute lettre.

153 — Germanicus, d'ap. *Fuger.* Très-grand in-fol.

154 — Fuite de Myrha, d'ap. *N. Poussin.* Très-grand in-fol. Sup. ép.

155 Poussin (D'après N.). Vénus et l'Amour. In-4, par *Hecquet.*

156 — Le Temps enlevant la Vérité, par *G. Audran.* Grand in-fol.

157 — Moïse frappant le rocher. Grand in-fol.

158 Rainaldi. Salomé recevant la tête de saint Jean-Baptiste, d'ap *Guerchin.* Sup. ép., grande marge.

159 Ravenet. Les Bergers d'Arcadie, d'ap. *Mortimer.* Très-belle ép.

160 Ryland (Wil. Wynne). La grande charte ratifiée par le roi Jean. Grande et belle ép., marge.

161 — Antiochus et Stratonice, d'ap. *Cortone.* Magnifique ép avant la lettre, marge.

162 — Entrevue d'Edgard et d'Elfride après son mariage avec Athelwoold, d'ap. *A. Kauffman.* In-fol., marge.

163 Schmidt (G.-F.). Agar présentée à Abraham, d'ap. *Dietrich.* — Sainte Famille, d'ap. *Van Dyck.* 2 p.

164 — Deux sujets de Polichinelles, d'ap. *Tiepolo,* en 1751. Rares.

165 Schmidt. Grandeur d'âme d'Alexandre envers son médecin Philippe, — Timoclée justifiée par Alexandre. 2 p. d'ap. *Carrache*. Gr. in-fol., rare.

166 — Le Satyre, d'ap. le bronze qui est au musée de Portici. Ép. avant la lettre, très-rare.

167 — Le même avec la lettre, rare.

168 Schmutzer (J.-M.). Loups-cerviers à la chasse des bouquetins et des chamois, — Aigles à la chasse des loups et des serpents. 2 p. grand in-fol., grande marge.

169 Schmuzer frères. Decius consultant sur la Victoire. — Decius haranguant ses troupes. 2 p., d'ap. *Rubens*, in-fol.

170 Schmuzer (Jacques). Sileno colla sua compagnia, d'ap. *Rubens*. In-fol., marge.

171 — 1790. Neptune et Tetis. Grand in-fol., d'ap *Rubens*. Sup. ép. avant toute lettre, marge.

172 — La même avec la lettre.

173 — Saint Ambroise et Théodore le grand. d'ap. *Rubens*. Magnifique ép. avant les armes, les noms d'artistes à la pointe. Très-rare, marge.

174 — Le même, avec les armes, avant la lettre. Sup. ép., marge.

175 — Le même avec la lettre. Sup. ép., marge.

176 — Mutius Scevola faisant brûler son poing, d'ap. *Rubens*.

177 Schultze (Ch. Got.). Son portrait. Grand in-8, par son élève Goltschich. Toute marge.

178 — Cartouche, Fleurons, armoiries, adresses, cartes de visite illustrées, etc. 24 p.

Mathon 4. Derr. 3.

Derv. 2.25

Drag — 10   A.A. 10   Lind 12.

Lind   3. 50

Papi 4   Hemot 4.

Pap 6

Papi 4   Hemot 5
Michel 15

Herl 16   Michel 10

Herl 14   Pap. 4.   Michel 6   Hemot 6
Hemot. 3.

Laperline 12.50

Drug 3

Drug 3

Michel 5

Michel 3

179 **Schultze**. Portraits de Brzostowski, — Sophie Hartung, née Burckhardt,—G.-F. Danz.—Iffland, — Oeser, — Reifstein, et autre sans nom. 7 p.

180 — Alexandre Beloselsky. In fol. Eau-forte pure.

181 — Le même, avant la bordure, les armes et avant toute lettre. Sup. ép.

182 — Le même avec la lettre. Sup. ép., grande marge.

183 — Joseph II. Petit in-fol., grande marge.

184 — J. Georges Palizsch. Astronome, Physicien et Botaniste. Magnifique ép. in-fol. avant toute lettre, la tablette blanche, marge.

185 — Le même, la tablette ombrée et avant la lettre.

186 — Le même avec la lettre. Très-belle ép.

187 — G. Rentsch, — Trippel, statuaire. 2 portraits, petit in-fol.

188 — Sphynx et tête égyptienne, eau-forte et terminée. — Deux têtes antiques, eau-forte et terminées. — Jeune fille tenant des fleurs, eau-forte.— Cérès, eau-forte. — Brevet blanc du Grand-Orient. — Encadrement d'architecture in-fol. pour portraits. 8 p.

189 — Jupiter et Io, d'ap. *Schenau*, avec marge.

190 — Le jeune virtuose, d'ap. *Schenau*. 1er état, avec titre en allemand, rare, marge.

191 — Le même avec titre français, marge.

192 — La Grande Vestale. 1er état, avec ce titre. C'est, dit-on, Angelica Kauffman? Marge.

193 — La même avec titre en italien. **Marge.**

194 — Vénus liant les ailes de l'Amour. Rare. Ép. d'eau-forte, d'ap. Mme *Lebrun*.

195 Schultze. La même. Sup. ép. avant la lettre, sur chine.

196 — La même. Sup. ép. avec la lettre, marge.

197 — Le Ganimède, d'ap. *Rembrandt*. Très-rare ép. avant la lettre, non encore poussée au ton.

198 — Le même avant la lettre, avec les blancs sur les ailes de l'Aigle.

199 — Le même. Sup. ép. terminée, avec le titre tracé à la pointe. Marge.

200 — Le même. Sup. ép. avec la lettre, marge.

201 — La Madone de Saint-Sixte, d'ap. *Raphael*. Rare ép. d'eau-forte, avant les armes (unique).

202 — La Madone de Saint-Sixte, avant la lettre, avec les armes. Sup. ép.

203 — La même, avec, tableau de Raphaël de la galerie électorale de Dresde, tracé à la pointe. Rare et Sup. ép. sur chine, marge.

204 — La même. Très-belle ép. avec la lettre.

205 Schultz direxit. Kuttner, avant et avec la lettre. — Ramdohr — Schubert — Nauman, ovale in-4, en bistre — Grassi — Matthisson, etc. 10 p.

206 Sharp. La Pythonisse d'Endor, d'ap. *B. West*. Magnifique ép. avant la lettre, grande marge.

207 — Diogène cherchant un honnête homme, d'ap. *Salvator Rosa*, in-fol. Belle ép., marge.

208 — The holy Family, d'ap. *Joshua Reynolds*, gr. in-fol. Très-belle ép., marge.

209 Sherwin. La mort de lord Robert Manners, d'ap. *Stothard*. Sup. ép. Lettre blanche et avant les cordes au bas des mâts du vaisseau.

Dmay 4

Michel 20

Pap. 3
Michel 40   Pap. 6
Michel 7

210 — Le même, avec la lettre. Très-belle ép., marge.

211 **Silvestre** (Israël). Vue et perspective du palais des Tuileries du côté de l'entrée, avec le plan du premier étage, très-grand in-fol. en 2 feuilles jointes.

212 **Skelton**. Apparition des anges aux bergers, d'ap. *Stothardt*. Magnifique ép., gr. in-fol. sur papier de Chine, toute marge.

213 **Smirke** (D'après). Le corps d'un jeune homme retiré de l'eau, mort en apparence. — Le même jeune homme rendu à la vie. 2 p. in-fol. par *Pollard*.

214 **Stolker** (J). Le Fumeur, d'ap. *Schalken*. — Le Chanteur, d'ap. *Ostade*. 2 p. in-4.

215 **Stothard** (D'après). Caroline et Walstien — Caroline et Lindorf, 2 p. en bistre. Très-belles.

216 **Strange**. Le Retour du Marché, d'ap. *Wouvermans*. Très-belle ép.

217 — Romulus et Rémus sur le bord du Tibre. — César repudie Pompeia et reçoit Calpurnia comme sa femme. 2 p. d'après *P. Beretin de Cortone*. Superbes ép.

218 — Le Christ apparaissant à sa mère après la résurrection, d'ap. *Guerchin*. Magnifique ép.

219 — Cléopâtre se faisant piquer par un aspic, à mi-corps, d'ap. *Le Guide*. Superbe ép.

220 — L'Amour dormant, d'ap. *Le Guide*. Sup. ép.

221 — La Douceur. — La Justice. 2 p. d'ap. *Raphael*. Superbe ép.

222 — Bélisaire, d'ap. *Salvator Rosa*.

223 **Strange**. Vénus bandant les yeux à l'Amour, d'ap. *Titien*. Superbe. ép.

224 — Vénus. — Danaé. 2 p. gracieuses d'ap. *Titien*. Magnifiques ép.

225 — L'Amour, d'ap. *Vanloo*. Très-belle ép.

226 — Apothéose d'Octave et Alfred, princes d'Angleterre, d'ap. *B. West*, gr. in-fol. avec dédicace à la reine. Marge.

227 **Traunfellner**. Nymphes au bain. Belle manière noire, d'ap. *OElenhainz* 1789, gr. in-fol. Sup. ép. avant la lettre.

228 **Verkolie**. Têtes d'Homme et de Femme riant, d'ap. *Hals*, in-4. Très-rare.

229 **Vernet** (Carle). Études de Chevaux arabes, 3 lithog. originales. Tête gravée d'après lui et Cosaque, par *Finart*. 5 p.

230 **Vernet** (D'après Carle). Batailles d'Italie, sous Napoléon Ier, gravées par divers. 13 p. in-fol. avant la lettre. Très-belles. Marge.

231 **Visscher** (C.). La Bohémienne. Très-belle ép. avec l'adresse de *Clément de Jonghe*.

232 — Le Marchand de Mort aux Rats. Très-belle ép.

233 -- La Fricasseuse. Belle ép. Marge.

234 **Vivares** et Mason. Vues des Parcs et Châteaux de lord Byron, Gainsboroug et autres. 11 p. in-fol.

235 **Volpato** (J.). Pisis in Cœmeterio. Tombeau d'Algarotti, élevé par Frédéric-le-Grand. Belle p. gr. in-fol.

Pap. 3   Michel 1,5

Mai 24,   ? 120

Pap. 3.   Michel 12

Pap. 8.   Michel 15

Matth. ?   Denv. 2,

Matth. ? 95

Col. 3
Col. Vers

Dray 15

Henrat 6

Pap. 16   A. All. 30.   Herl   31

A. I.   3

Dug 20

236 **Vouvermans** (D'après Ph.). Compositions avec des Chevaux, sujets de chasse, etc., gravés par Moyreau, avec le titre de l'œuvre où se trouve le portrait dans le bas. 26 p. Très-belles ép.

237 **Ward**. Visit tho the Grandfather, d'ap. *Smith*. Sup. ép. Lettre blanche. Marge.

238 **Watson**. Le Barbet, d'après *Barrett*. Sup. ép. avant la lettre. Manière noire.

239 **West** (D'après Benj.). Oreste et Pylade. — Pyrrhus, enfant demandant protection à Glaucias, roi d'Illyrie. 2 p. in-fol. Très-belles.

240 **Woollett**. Mort du général Wolfe, d'ap. *B. West*. Très-belle ép.

241 — Ruines des Édifices romains, d'ap. *Claude Lorrain*. Très-belle ép. Marge.

242 — Le Temple d'Apollon, d'ap. *Claude*. Très-belle.

243 — Le Château enchanté, d'ap. *Claude*. Très-belle.

244 — Diane et Actéon, d'ap. *Lauri*. Très-belle.

245 — Celadon and Amelia, d'ap. *Wilson*. Très-belle.

246 — Beau Paysage, d'ap. *An. Carrache*. Superbe ép. Marge.

247 — Skiddaw, d'ap. *Loutherbourg*. (C'est la plus haute montagne de l'Angleterre). Très-belle ép.

248 — Didon et Enée, d'ap. *Jones*. Très-belle ép.

249 — La Villa de Cicéron. Très-belle ép. Marge.

250 — Paysages très-riches de compositions ayant obtenu le premier et le second prix de la société d'Encouragement, d'ap. *Georges* et *John Smith*. 2 p. Très-belles ép.

251 — Niobé. — Phaéton. 2 p. d'ap. *Rob. Wilson*.

252 — The Fishery, d'ap. *R. Wright*. Belle ép.

253 Woollett. Shooting. 4 p. d'ap. *Stubbs.* Belles ép. Marge.

254 — The Spanish Pointer, d'ap. *Stubbs.* Très-belle ép. Marge.

255 — Vue de la Maison de Bouchier Cleve écuyer.

256 Zucchi. Entrevue entre S. M. l'Impératrice douairière Amélie et leurs Majestés Polonaises avec la famille Royale à Neuhaus, en 1737, d'ap. *Louis de Silvestre.* Très-grand in-fol. en 2 feuilles non jointes.

PORTRAITS

PAR LES PRINCIPAUX GRAVEURS

257 Allais. Louis XVI en manteau royal, d'ap. *Callet,* in-fol. Manière noire. Marge.

258 Aubert. Louis, Dauphin de France, à cheval, in-fol., d'ap. *N. Le Sueur.*

259 Audran (J.). Parnasse Français de Titon du Tillet, gr. in-fol.

260 Balechou. Auguste III, roi de Pologne, en pied, gr. in-fol.

261 — Anne-Charlotte Gauthier de Loiserolle, femme d'Aved, peintre, in-fol. Très-belle ép. Grande marge.

262 — Sœur de Madame Aved, dite la dame au rouet, in-fol.

263 — Henri comte de Bruhl, ministre du roi de Pologne, d'ap. *Silvestre,* in-fol., à mi-corps.

N.A. [illegible]

Dreg. 20

[illegible] 13.

Jac. 12   Michel 20.

A. x

Jac. 11

A x   Hansen 3   Jac 8

Michel 5

A. x

Jac. 9   Michel 8

Jac 5   Michel 6   Lind. 3

Michel 12   Herl 2

Michel 9   Mathon 4 50   Herl 1

264 — P. Joliot de Crebillon, à mi-corps, d'ap. *Aved*, in-fol. Très-belle ép.

265 — Jean de Julienne tenant le portrait de Watteau. Sup. ép., d'ap. *de Troy* père, in-fol. **Marge.**

266 — Madame Louise Elisabeth de France (la Terre), d'ap. *Nattier*. Très-belle ép. **Marge.**

267 — W. Charles-Frédéric Friso, prince d'Orange, in-fol., d'ap. *Aved*. Très-belle ép.

268 — Don Philippe, infant d'Espagne, petit in-fol., d'ap. *Viali*. Sup. ép.

269 — Le père Porée, jésuite, d'ap. *Neilson*, in-4. Sup. ép. Marge.

270 Baron. Georges, prince de Wales, à cheval, gr. in-fol., d'ap. *Adolphe*.

271 Bause. Caspar Richter. — J. Thomas Richter, 2 portraits, petit in-fol. Marge.

272 Beauvarlet et Cars. Mlle Clairon, rôle de Médée sur son char., d'ap. *Vanloo*, gr. in-fol. Très-belle ép. Marge.

273 — Molière, d'ap. *S. Bourdon*. Très-belle ép., dédiée à MM. les ducs Daumont, etc., in-fol. Marge.

274 Beisson. Marat, d'ap. *Boze*. Sup. ép. avant la lettre. Toute marge. Petit in-fol.

275 — Le même, avec la lettre. Très-belle ép. Toute marge.

276 — Mirabeau, en pied, in-fol., d'ap. *Boze*. Très-belle ép. avant la lettre.

277 — Le même, avec la lettre. Grande marge.

278 Bernigeroth. Boileau, Médaillon supporté par la Satyre au-dessus du Parnasse, in-8. — J. S. Albrechtin, née Peilickin. — Séb. Evertus. — C. G. Moerlinus. — Schacher. — J. A. Sinner. — Hartmann Winckler. 7 p. dont 6 in-fol.

279 Bervic. Senac de Meilhan, in-fol.

280 — Louis XVI en manteau royal, d'ap. *Callet*, gr. in-fol. Magnifique ép. avant la lettre signée Bervic. Marge.

281 — Le même, avec la lettre. Sup. ép. non déchirée. Marge.

282 Boulanger. David L'Aigneau Provençal, médecin ordinaire du roi, in-4. Sup. ép.

283 Bouys 1708. Claude Gros de Boze, in-fol. Manière noire.

284 Buchhorn. Élisabeth, grande princesse de Prusse, in-4. Lettre blanche. — Le même, avec la lettre. 2 p.

285 Caldwall. Mrs Siddons dans la tragédie de la Sœur grecque, gr. in fol., d'ap. *Hamilton*.

286 — Mrs Siddons et son fils dans la tragédie d'Isabelle, gr. in-fol., d'ap. *Hamilton*. Magnifique ép. Lettre blanche.

287 Canale. Portrait d'un Seigneur anglais, gr. in-4. Toute marge.

288 — Marie-Antoinette, princesse de Pologne, d'ap. elle même in-fol. Très-belle ép. Grande marge.

289 Cardon. Victor Moreau, petit in-fol. Lettre blanche. Sup. ép. Marge.

— Le même, avec la lettre. Très-belle ép. Marge.

Matthew 10.

Vol. 3

ol. 3

A. X

Job. 10   Michel 10

              H. . 3

              Michel 4
              Job. 3
                Jot. 3
          Michel 3

Job 40   Michel 3

290 **Cardon**. Bonaparte accompagné par le général Berthier à la bataille de Marengo, gr. in-fol., d'ap. *Boze*. Très-belle ép. Lettre blanche.

291 — Le même. Très-belle ép. avec la lettre.

292 **Carmontelle** (D'après). Gaspar-François de Fontenay, en pied, par *De Lafosse*. Très-belle ép. Marge.

293 **Cars**. Pierre d'Hozier, in-fol. Très-belle ép.

294 — Louis XV. (Allégorie), donnant la paix à la France, gr. in-fol., d'ap. *Le Moine*. Très-belle ép. Marge.

295 — Marie Leczinska, en buste, in-fol., d'ap. *Vanloo*.

296 — Gaston de Rohan, cardinal, in-fol., d'ap. *Rigaud*.

297 **Chereau**. J. B. L. Picon, seigneur d'Andrezel, in-fol., d'ap. *Rigaud*. Très-belle ép. Marge.

298 **Chodowiecki**. Fréd. Guillaume II, roi de Prusse, en pied, dans un ovale. — Demoiselle Dobbellin et Unzelmann. **2 p.**

299 **Cochin**. Tombeau de Maurice de Saxe, d'ap. *Pigale*. Gr. in-fol.

300 **Collyer**. Miss Farren, in-4. Ovale en bistre.

301 — Docteur Willis, in-4. Ovale. Sup. ép.

302 **Cunningham** (d'ap.). Fréd. Guillaume II roi de Prusse, en pied, grand in-fol., par *Cunego*. Très-belle ép. avant la lettre.

303 — La princesse Louise de Prusse, avant la lettre et avant les armes, grand in-fol., en pied, par *Haas*.

304 Cunningham (d'ap.). La princesse Frédérique de Prusse, en pied, grand in-fol., par *Cunego*, avant la lettre, en bistre. Marge.

305 — Deux princes et princesse de Prusse, en pied, grand in-fol., avant la lettre.

306 Daullé. H.-F. d'Aguesseau. In-4. Superbe ép. d'ap. *Vivien*, grande marge.

307 — Gauffecourt citoyen de Genève, in-fol. en travers. Ép. collée.

308 — Cl. Deshais Gendron médecin de la Faculté de Montpellier. In-fol. Sup. ép. d'ap. *Rigaud*.

309 — Guil. de Lamoignon chancelier, in-4, d'ap. *Valade*. Sup. ép., marge.

310 — P.-L. Moreau de Maupertuis, in-fol., d'ap. *Tournière*. Sup. ép., marge.

311 De Launay. F. Le Bloy abbé de Clairvaux, in-fol., d'ap. *Roslin*. Très-belle ép.

312 — C.-N.-A. comte d'Oultremont évêque de Leyde, d'ap. *Rhenasteine*. In-fol. Très-belle ép.

313 De Marcenay. Henri IV. In-8.
— Marie-Antoinette de Pologne. In-4.
— Tintoret, in-4, d'ap. lui-même.
— Maréchal de Saxe. In-8. Très-belle ép.

314 Drevet (Claude). Alex. Milon évêque de Valence, in-fol., d'ap. *Rigaud*. Très-belle ép.

315 — P.-L. comte de Sinzendorf, in-fol., d'ap. *Rigaud*.

316 — Guil. de Vintimille archevêque de Paris, in-fol., d'ap. *Rigaud*.

317 **Drevet** (Pierre). René de Beauveau archevêque de Narbonne, in-fol., d'ap. *Rigaud*. Très-belle ép., marge.

318 — J.-P. Bignon abbé de Saint-Quentin, **2**ᵉ des 5 états. Très-belle ép. in-fol., d'ap. *Rigaud*.

319 — L.-H. de Bourbon prince de Condé, in-fol. d'ap. *Gober*. Très-belle ép., marge.

320 — L.-A. de Bourbon prince de Dombes, in-fol., d'ap. *de Troy*.

321 — Léonard Delamet chanoine de Paris curé de Saint-Eustache, etc., d'ap. *Rigaud*, in-fol. Très-belle ép.

322 — Jean Forest peintre, — B.-H. de Fourcy, **1**ᵉʳ état. 2 port. in-fol., d'ap. *Largillière*.

323 — Frédéric-Auguste roi de Pologne, d'ap. *de Troy*. In-fol. Belle ép.

324 — J.-B. Keller, la main sur un canon, in-fol., d'ap. *Rigaud*.

325 — N. Lambert, in-fol., d'ap. *Largillière*. Très-belle ép.

326 — Hélène Lambert dame de Motteville, in-fol., d'ap. *Largillière*. Sup. ép.

327 — Louis XIV en pied, en manteau royal, grand in-fol., d'ap. *Rigaud*. Très-belle ép., sans marge.

328 — Louis XIV à mi-corps cuirassé, tenant le bâton de commandement, grand in-fol. Belle ép., collée.

329 — Louis grand Dauphin, d'ap. *Rigaud*. Belle ép. avec la dédicace à la princesse de Conti.

330 — Marie duchesse de Nemours, in-fol., d'ap. *Rigaud*. Magnifique ép., marge.

Michel 15

Michel 15

Michel 10

Michel 16   ~~John 20~~

O Michel 25

Dew. 2 25   Matthon 6   Olivou 15

Michel 20

Michel 15

Dav. 15   Michel 20

331 Drevet. L.-A. de Noailles cardinal archevêque de Paris, in-fol., d'ap. *Rigaud.* Très-belle ép.

332 — L. Phelypeau marquis de Lavrillière, in-fol., d'ap. *Gobert.*

333 — Maria Serre mère de *Rigaud.* In-fol.

334 — L. Hector duc de Villars maréchal de France. 1er état, avec la lettre n'ayant que six lignes d'écriture en bas. Sup. ép., grande marge.

335 **Drevet** (Pierre-Imbert). Samuel Bernard en pied, grand in-fol., d'ap. *Rigaud.* Sup. ép., avec *Conseiller d'État* écrit à la main.

336 — Le même. Belle ép.. avec *Conseiller d'État* gravé.

337 — Ch. Jérôme de Cisternay du Fay, in-8, charmant portrait, d'ap. *Rigaud.* Très-belle ép.

338 — Robert de Cotte architecte, in-fol., d'ap. *Rigaud.* Très-belle ép.

339 — P.-N. Couway, in-fol., d'ap. *Tournière.* Très-belle ép.

340 — C.-G. Dodun marquis d'Herbault, in-fol., d'ap. *Rigaud.* Très-belle ép.

341 — Dubois cardinal archevêque de Cambrai, in-fol., d'ap. *Rigaud.* Très-belle ép.

342 — Fénelon, in-4, d'ap. *Vivien.* Très-belle ép.

343 — Adrienne Lecouvreur rôle de Cornélie, in-fol., d'ap. *C. Coypel.* Très-belle ép.

344 — Louis d'Orléans. In-4, avant les noms sur la tablette.

345 — René Pucelle conseiller, in-fol., d'ap. *Rigaud.*

... 3.

... 6

...'... 3   Dew. 2.75

... B

... 2.   A. x

A. x

...llon 3.   Sol. 10   Michel 15

...oulu 25.   ...wl 3.   A. x
Dewi 3.

Sol. 5

Pap. 3.50

Serv. 2

Serv. 2.25

Lind 5

Serv. 4

Nitzsch 16
Hemst 2

346 — De Tressan archevêque de Rouen, à genoux devant la Vierge (dit le grand Bréviaire), d'ap. *Vanloo*. Sup. ép.

347 **Dupré** (d'ap. la médaille de). Pierre Jeannin, profil. In-4.

348 **Dupuis**. Ph. Wouvermans peintre, d'ap. *C. de Vischer*. In-fol. Sup ép., grande marge.

349 **Earlom**. Le duc d'Aremberg à cheval, grand in-fol., d'ap. *Van Dyck*. Sup. ép., manière noire.

350 — Général Elliot gouverneur de Gibraltar, à mi-corps, in-fol., d'ap. *J. Reynolds*. Sup. ép. avant la lettre, grande marge.

351 **Edelinck** (N.). J.-F. Guillieaumon maître tapissier, in-fol., d'ap. *Vivien*.

352 **Edelinck** (G.). Mouton célèbre joueur de guitare, in-fol., à mi-corps, d'ap. *de Troy*, avant-dernier état.

353 — J. Charles Parent écuyer romain. Sup. ép. du 2e des 4 états.

354 — Raimond Poisson comédien, en pied, d'ap. *Netscher*.

355 **Fessard**. Étienne-François duc de Choiseul, in-fol., d'ap. *Vanloo*, 1763. Très-belle ép.

356 **Ficquet**. Joliot de Crébillon, in-8, d'ap. *Aved*.
— Michel de Montagne, in-8, d'ap. *Demoustier*.
— J.-B. Rousseau, in-8, d'ap. *Aved*.

357 — Voltaire.— J.-J. Rousseau. 2 p. in-8, d'ap. *Aved*.

358 — Dortous de Mairan, in-4, d'ap. *Tocqué*.

359 **Fischer**. François II d'Autriche, in-fol., avant la lettre, le nom en lettres blanches.

360 — Le même. La lettre ombrée et avec la lettre.

361 Gaillard. Joseph Languet, in-fol., d'après *Chevalier*. Marge.

362 Green. Jeune Fille tenant un pigeon, d'ap. *Kettle*. In-fol., avant la lettre.

363 Mainzelman. F. Lanchenu, buste sur un piédouche. In-4. — Voltaire, petit in-fol., par *Henriquez*. 2 p.

364 Heineken (Ch.-Fréd. de). Son portrait, profil. — Sa mère, profil en regard. 2 médaillons, in-4, d'ap. *de Saint-Aubin*.

365 Houbraken. Hercule cardinal de Fleury. In-4. Médaillon soutenu par Diogène. — Guillaume V prince d'Orange. — Anne de Saxe. — J. Guil. Friso. — Homme à mi-corps, d'ap. *Paul Veronèse*. 5 p.

366 Huot. N. De Launey graveur du roi, in-4, d'ap. *de Saint-Aubin*. Sup. ép., marge.

367 Ingouf, 1771. J.-G. Wille graveur, in-4, d'ap. son fils. Très belle ép., marge.

368 Jacobé. F.-G. prince d'Hohenlohe, in fol., d'ap. *Fuger*. — Élisabeth princesse de Wurtemberg. In-fol. — Élisabeth-Dorothée de Hesse, par *B. Kilian*. 3 p.

369 Lignon. Mlle Mars, d'ap. *Gérard*. Grand in-4. Ancienne ép., toute marge.

370 — N. Poussin, in-fol., d'ap. lui-même. Très-belle ép., lettre blanche, toute marge.

371 Mansfeld. Blücher. — Ernest de Saxe-Cobourg. Schwarzemberg. — Wellington. — W. de Wurtemberg. 5 port. in-4, marge.

Vol. 3

Vol. 3

Institut 5

Herl .8

Michel 15   Herl 9

Michel 13   Herl 4
Michel 40   Herl 4

Sol 15

Sol 15

Michel 6   Dew. 2
            Lorig. 1.

... Dav. 52   Lorig. Michel. 20   Grav 35.

372 Masson (Ant.). Brisacier. — Charrier. — D'Ormesson. 3 p.

373 — Comte d'Harcourt (dit le Cadet à la Perle), in-fol., d'ap. *Mignard*.

374 — Marie de Lorraine, d'ap. *Mignard*. Ép. avec le lapin, marge.

375 — Louvois *ad vivum*. Buste grandeur naturelle.

376 — Turenne *ad vivum*. Buste grandeur naturelle.

377 Melini. C.-J. de Polinchove président au parlement de Flandres, in-fol., d'ap. *Aved*.

378 Miger. Joseph Vien peintre. In-fol.

379 Muller (G.-A.). Élisabeth-Christine femme de Charles VI empereur. En pied assise, en Impératrice. Grand in-fol.

380 Muller (J.-G.). Louis Leramberg sculpteur, d'ap. *Belle*. Superbe ép. non terminée. Très-rare. In-fol. La main et la tête de statue sont presque blanches.

381 — Le même. Magnifique ép. avant toute lettre.

382 — Le même. Avec la lettre, grande marge.

383 — Mosès Mendelsohn. In-4, marge.

384 — Comte de Stolberg. In-fol., avant toute lettre, avant les tailles à droite dans l'ovale.

385 — Portrait de Turc, avant toute lettre. In-fol., marge.

386 Nanteuil (R.). Son portrait, par *Edelinck*. In-4.

387 — Simon Arnauld de Pomponne. Grandeur naturelle (R. D. 24).

388 — François de Vendôme duc de Beaufort (dit le Roi des Halles). Magnifique ép. 1er état (33).

389 Nanteuil. J.-B. Colbert. Grandeur naturelle (76), avant-dernier état.

390 — Doni d'Attichy évêque d'Autun (83).

391 — César cardinal d'Estrées évêque de Laon. Très-belle ép. (92).

392 — François Guénault médecin de la reine (105). Très-belle ép.

393 — Henri de Guénégaud marquis de Plancy secrétaire d'État. Très-belle ép. (106). 1ᵉʳ état.

394 — Pierre Jeannin surintendant des finances (112). Très-belle ép.

395 — Charles de la Porte duc de La Meilleraye (118).

396 — L. Phelypeau de La Vrillière (123). Très-belle ép., avant-dernier état.

397 — F. de La Mothe le Vayer (143). Très-belle ép.

398 — Jules-Paul de Lyonne (147). Sup. ép. 1ᵉʳ état.

399 — Louis XIV. Grandeur naturelle (157), avant-dernier état, collé,

400 — Mazarin cardinal (183), sur un champ étoilé. Très-belle ép. 1ᵉʳ état.

401 — Mazarin (186). In-fol. en travers. Superbe ép. 1ᵉʳ état.

402 — Édouard Molé (193). Très-belle ép.

403 — François de Nesmond évêque de Bayeux (202). 2ᵉ des 4 états.

404 — Harduin de Perefixe archevêque de Paris (213), sur un champ étoilé. Très-belle ép.

405 — Sarrazin (220). — Castelnau (58). 2 p.

406 — Georges de Scuderi (221). Très-belle ép., 1ᵉʳ état, marge.

[illegible]   Michel 25

[illegible] 4
Lorig

Janv. 3,   Lorig   Job 14.

Joh. 15

Lorig

of 40   Dern 3. Lorig.
Ollum 6   Kathon 3   Michel 30
vair

Janv. 20. Joh 50 Lorig.

Dern. 3. 25   Lorig.. Dob 35   ? 40   A.×

Dob. 12

Serv. 3

Morelia 3

Lino 3.80

Metal 10

407 **Nanteuil**. François Servien évêque de Bayeux
(225). 1ᵉʳ état. *[manuscrit illisible]*

408 — Vincent Voiture académicien (234). Très-belle
ép.

409 **Nothnagel**, 1774. J.-Ph. Orthius, in-8, à l'eau-
forte, rare.

410 **Petit**. Armand-Jules prince de Rohan archevêque
de Reims, in-fol., d'ap. *Rigaud*. Très-belle ép.

411 **Picart** (Étienne). Louis Chabot (dit de Rohan),
buste entouré d'armoiries, d'ap. *Ant. Paillet*. In-
fol. Belle ép., rare.

412 **Pichler**. Prince de Kaunitz. —Loudon. 2 port.
en pied, in-fol. Manière noire.

413 **Pinssio**. Jean de La Fontaine. In-12. Très-belle
ép.

414 **Preisler**. Le cardinal de Bullion, tenant le mar-
teau pour ouvrir la porte Sainte à la place du pape
Innocent XII, malade.

415 **Rasp** (C.-G.). Comte de Baudissin, — J.-C. Cho-
driewicz, — Ponichau, — Homme cuirassé, d'ap.
Van Dyck. A la galerie de Dresde. 4 p.

416 **Roullet**. Édouard Colbert marquis de Villacerf,
médaillon in-fol., d'ap. *Girardon*.

417 **Ryland**. Charlotte Reine, — Georges III roi de
la Grande-Bretagne. 2 p. in-fol., en pied.

418 **Sadeler** (J.). Sig. Feyrabendius, 1587, — Maxi-
milien palatin du Rhin. 2 p. imp. sur la même
feuille.

419 **Saint-Aubin** (Aug. de). Gessner, — Helvétius,
— Linguet. 3 port. in-4. Très-belles ép.

420 Saint-Aubin. Lekain, in-fol., d'ap. *Le Noir*. Sup. ép. avant l'adresse, grande marge.

421 — Adrienne-Sophie marquise de ***. Sup. ép. in-fol., marge.

422 — Rodolphe Perronet architecte, d'ap. *Cochin*. In-fol. Sup. ép., grande marge.

423 — Necker, in-fol., d'ap. *Duplessis*.

424 Sardsam (Miss). Nicolas Bergasse. In-4, lettre blanche.

425 Savart. Fontenelle. In-8. Très-belle ép., d'ap. *Lemoine*.

426 — Louis XIV. In-8. Très-belle ép., d'ap. *Rigaud*.

427 — Le Tasse, avant l'adresse d'Artaria, in-8:

428 — Le même, avec l'adresse. Très-belle ép.

429 Schmidt (Georges-Frédéric). Son portrait, avec l'araignée. Sup. ép. (141), marge.

430 — Mᵐᵉ Schmidt (Dorothée-Louise Viedebandt). Très-belle ép. (142), marge.

431 — Dorostanus patriarche de Constantinople, — Der Patriarch zu Pferde, — fig. 4, — fig. 5, — fig. 8, — fig. 9. — 6 p. du (n° 93), rares.

432 — Anne d'Autriche. In-8 (26), marge.

433 — Arnim ministre, à mi-corps. In-fol. (75).

434 — Auguste III roi de Pologne (71), — Marie-Jo-sèphe reine (72). 2 port. à mi-corps, d'ap. *Silvestre*. In-fol. Sup. ép., marge.

435 — Jean Bernouilly. In-4 (54). Sup. ép., marge.

436 — Fréd.-Guil. Borck. In-fol., à mi-corps (86). Sup. ép.

437 — Baronne de Grapendorff. Superbe et **très-rare** ép. (74), avant les noms des artistes, marge.

... 51   Bob. 48

...   o   Serv 2

.. B.   Hanrot. 2 50
... 2.25   Henrot 3
                 Henrot 2
Bug

Serv. 3.   Michel 8.

Serv 2.

... 2.   Michgon 5
Bug

Bug

Serv 3.

Drug.

Sol.   3   Drug

Drug

Drug

Danzam   3   Drug   [illegible]   7

Lapertin 10.30

438 **Schmidt.** Le même, avec les noms d'artistes. Très-belle ép., marge.

439 — Le comte de Bruhl (84). In-4. Belle ép., marge.

440 — Charles de Saint-Albin archevêque de Cambrai (47), in-fol., d'ap. *Rigaud*.

441 — Prince d'Anhalt-Bernbourg, à mi-corps. In-fol. (66), marge.

442 — Cocceji (67), — J.-Th. Eller (73). 1re ép. avant *natus*, etc. 2 port. in-fol.

443 — Frédéric-le-Grand. In-8 (62).

444 — Fréd.-H.-Louis de Prusse, à mi-corps (88). In-fol. Très-belle ép., marquée du petit timbre de *Schmidt*.

445 — Fréd. de Goerne. In-fol. (70). Très-belle ép., grande marge.

446 — Général de Katt (91), in-fol., sans aucun nom.

447 — La Mettrie littérateur (76). In-4. Très-belle ép., marge.

448 — La Tour célèbre peintre en pastel (50). In-fol.

449 — L. de la Tour-d'Auvergne comte d'Évreux (42). In-fol. Très-belle ép., collée.

450 — Lieberkuhn habile médecin de Berlin (138). In-4. Rare. — Moehsen médecin. In-4 (149). 2 p.

451 — Antoine Pesne (69). In-fol. Très-belle ép., grande marge.

452 — De Schouwalow, profil in-4 (143). Belle ép., marge.

453 — J.-B. Silva docteur de la Faculté de Paris (52). In-fol. Très-belle ép.

454 Schmidt. Splittgerber banquiér (87). Très-bel.e ép. in-fol., marge.

455 — H. Voguel riche marchand de Londres (64). Très-belle ép. in-fol., marge.

456 Schmuzer. C.-G.-E. Diétricy peintre, in-fol., d'ap. lui-même. Très-belle ép.

457 — François Ier empereur d'Allemagne. In-fol.

458 — Prince de Kaunitz, in-fol., d'ap. le médaillon en bronze *d'Hagenauer*.

459 Schreher. Littérateur russe, à mi-corps. in-fol., d'ap. le portrait de *J.-B. Rousseau*. Avant la lettre.

460 Schroeder. Philippine - Charlotte duchesse - douairière de Brunswick née princesse royale de Prusse. Ovale, in-4, marge.

461 Sharp. Hunter chirurgien célèbre, in-fol., d'ap. J. *Reynolds*. Ép. avant la lettre, grande marge.

462 Sherwin. Capitaine James Cook, petit in-fol., d'ap. *Dance*. Très-belle ép., marge.

463 — William Pitt Earl of Chatam, à mi-corps. In-fol.

464 Sintzenich. Frédéric - Guillaume III roi de Prusse. In-8, marge. — Adrien Zingg graveur. In-fol., manière noire, marge. 2 p.

465 Smith. Godart baron de Ginkel, in-fol., d'ap. *Kneller*.

466 — Frédéric duc de Schonberg, à cheval, d'ap. *Kneller*. In-fol.

467 — Georges prince de Wales, près de son cheval, grand in-fol., d'ap. *Gainsborough*. Très-belle ép.

Aug 5

Aug 50.   Weig 20
"good

Michel 9

Pup. 25

Michel   5   Drug. 4
Sol.   5   Laperlier 15 50

Derv. 3

468 Strange (Robert). Charles Ier, près de son cheval. — Henriette-Marie et ses enfants. 2 p. grand in-fol., d'ap. *Van Dyck*. Superbes ép.

469 Tanjé. Sir John Ligonier, à cheval. In-fol.

470 Watson. Le général Gramby, appuyé contre son cheval, d'ap. *J. Reynolds*. In-fol., avant la lettre.

471 Watson (Caroline). Catherine II impératrice de Russie. Ovale, in-fol., grande marge. Superbe.

472 — John Milton, avec *fac-simile* et description, signée *Reynolds*. In-4. Superbe, marge.

473 — Benjamin West peintre. In-4, marge.

474 — William Woollett graveur. In-4, marge.

475 Wille (J.-G.), N. René Berier lieutenant de police, in-fol., d'ap. *de Lyon*.

476 — Brizeux architecte. Petit in-fol., marge.

477 — Charles de Wales, in-fol., d'ap. *Tocqué*. Très-belle ép.

478 — Charles-Frédéric de Bade, in-4, d'ap. *Guillibaud*. Sup. ép.

479 — Charles-Théodore palatin. — Élisabeth-Augusta, sa femme. 2 port. ovales. 2e état. Les textes haut et bas ont été coupés et rapportés.

480 — François Chicoyneau médecin. In-4. Très-belle ép.

481 — Jérôme d'Erlach. 1er état, avec la lettre en allemand. In-fol. Rare.

482 — Fouquet de Belle-Isle maréchal de France. In-fol., avec les armes.

483 — Élisabeth de Gouy, femme de Rigaud. In-fol., collée.

484 **Wille**. Louis XV, buste sur piédouche. In-fol.,
rogné du bas.

485 — Louis Dauphin. — Marie-Thérèse d'Espagne.
Marie-Josèphe de Saxe. 3 p. in-4. Très-belle ép.

486 — Woldemar de Loewendal. In-fol., grande
marge.

487 — Louis Phélypeau comte de Saint-Florentin. In-
fol. Superbe ép., avec les maillets blancs, belle
marge.

488 — Poisson marquis de Marigny, in-fol., d'ap. *Tocqué*. Belle.

489 — Ant.-Fr. Prévost aumônier du prince de Conti.
In-8.

490 — Quesnay médecin, en pied, dans son cabinet.
In-fol.

491 — Maurice de Saxe. In-fol., sans marge.

492 — Ant. de Singlin supérieur de Port-Royal. In-4.

493 — P. de Tencin cardinal, in-fol., d'ap. *Parrocel*.
Collée.

494 — Henri Benoist, deuxième fils de Jacques Stuart.
In-4.

495 **France** (Famille royale de). Louis XVI, la Reine
et le Dauphin, médaillon d'ap. *Sauvage*. —
Louis XVII couronné, par *Cheesman*.—Louis XVII
entouré de larmes, par *Anonyme*. 3 p.

496 **Prusse** (Famille royale de). Frédérique-Char-
lotte-Ulrique-Catherine prieure de Gurtlinbourg.
— Fréd.-Guillaume II. — Fréd.-Guillaume III.
5 p. in-8 et in-fol.

Ferr. 4.

Capdevell 15

Lind } 15

Dob. 11   Herzog 15

Dob. 14

Dob 12

ESTAMPES

ÉCOLE FRANÇAISE, XVIIIᵉ SIÈCLE

497 **Anonyme.** Diane et Actéon. Grand in-fol. en hauteur, rognée au bord.

498 **Balechou.** Sainte Geneviève, d'ap. *Vanloo.* Belle ép. in-fol., marge.

499 — La Tempête — le Calme, d'ap. *J. Vernet.* 2 très-belles ép., avant les raies et avec : imp. par *Beauvais.*

500 — Le Calme, avec planche rapportée, avant les raies, et avec : imp. par *Beauvais.*

501 — La Tempête — les Baigneuses. 2 p., avec les raies sur le titre.

502 **Baudouin** (d'ap.). Le Rendez-Vous villageois, par *Choffard*, 1782. Très-belle ép.

503 — Les Soins tardifs, par *de Launay.* Superbe ép., grande marge.

504 — Le Matin. Superbe ép. avant toute lettre, marge.

505 — Le Soir. Très-belle ép., par *de Ghendt*, marge.

506 — Le Midi. Superbe ép., par *de Ghendt*, grande marge.

507 — La Nuit. Superbe ép., par *de Ghendt*, grande marge.

508 — L'Épouse indiscrète, par *de Launay.* Très-belle ép.

509 — Le Danger du tête-à-tête, par *Simonet*. Belle ép.

510 — La Soirée des Tuileries, par *Simonet*. Belle.

511 — Le Carquois épuisé. Charmante composition. Boudoir élégant. Très-belle ép., par *de Launay*.

512 — Le Coucher de la Mariée, chambre à coucher d'une grande richesse de décorations, par *Moreau le jeune* et *Simonet*. Sup. ép., grande marge.

513 — Le Chemin de la Fortune, présentation d'une danseuse, par *Voyez Major*. Sup. ép., marge.

514 **Beauvarlet**. Persée combattant contre Phinée, d'ap. *Luca Giordano*. In-fol., marge.

515 — Jugement de Pâris — l'Enlèvement d'Europe. 2 p. Superbes ép., avec l'adresse chez l'auteur.

516 — Les Adieux de Catin — le Testament de Latulipe, d'ap. *Lenfant*. 2 p.

517 — Le Chaste Joseph, d'ap. *Nattier*. Superbe ép., toute marge. — La Chaste Suzanne, d'ap. *Vien*. 2 p.

518 — Deux jeunes Filles chantant, d'ap. *Raoux*. Superbe ép., grande marge.

519 — Le Rendez-Vous agréable, d'ap. *Raoux*. Superbe ép.

520 — Télémaque dans l'île de Calypso, d'ap. *Raoux*. Magnifique ép. avant toute lettre, marge, signée *Beauvarlet*.

521 — La même. Superbe ép. avec la lettre, avant les mots effacés.

522 — L'Amour, d'ap. *Vanloo*. Très-belle ép.

523 — La Confidence — la Sultane, 2 p. d'ap. *Vanloo*. Sup. ép. avec marge.

Renv. 4, Apricell. 18 .

Guchamp 21, Nathan 3.75

Dub. 14,

Lud 2.50

Michel 12.

Julin 3   Capreuil 20

Michel 12.

Michel   9

Pag.   15

Michel   21

Kenrat   4

Dob.   10   Herzog   25

Michel   4

Matthon 2. 5m

524 — Conversation espagnole, d'ap. *Vanloo*. — Offrande à Vénus, d'ap. *Vien*. 2 p.

525 — **Mardochée refuse de fléchir les genoux devant
Aman**,
   — Toilette d'Esther,
   — Évanouissement d'Esther,
   — Aman arrêté par ordre d'Assuérus,
     Ces 4 pièces sont avec peintre du Roy,
   — Esther couronnée par Assuérus.
   — Triomphe de Mardochée,
     Suite de 6 p., d'ap. *de Troy*, grand in-fol.

526 — Aman arrêté par ordre d'Assuérus. Superbe
ép. avant toute lettre, signée *Beauvarlet*, marge.

527 **Beljambe**. Coucou, d'ap. *Leroy*. Ovale en travers. Superbe ép., marge.

528 **Benazech**. Le Retour du Laboureur, par *Ingouf*. Sup. ép., grand in-fol., marge.

529 **Berthault**. Vues intérieures de Paris : le port
au Blé — regardant le Pont-Neuf — le port Saint-
Paul, 3 p. grand in-fol., d'ap. *L'Espinasse*, en
1782. Très-belles ép., marges.

530 **Boilly** (d'ap.). Prélude de Nina, par *Chaponnier*.
Magnifique ép., grande marge.

531 — L'Étude du Dessin, grand in-fol. en travers,
par *Cazenave*.

532 — L'Optique, par *Cazenave*, grand in-fol. Très-
belle.

533 **Borel** (d'ap.). Rendez-vous de chasse d'Henri IV
— Action de grande justice et d'humilité chré-
tienne d'Henri IV, d'ap. *Bounieu*. Ces 2 p. sont
avant les lignes d'explication. Très-belles ép.,
marges.

534 Bounieu (d'ap.). Henri IV et Sully, après la bataille d'Ivry, grand in-fol., par *Laurent*. Sup. ép. avant la dédicace.

535 Cazenave. La Volupté, d'ap. *Regnault*. Très-belle ép.

536 Challe (d'ap.). Geneviève de Brabant. Belle ép.

537 — Le Garde-Chasse scrupuleux ou le Nid découvert. Sup. ép., lettre blanche, marge.

538 — Mort de Lucrèce, par *Henriquez*. Belle ép.

539 — Les Désirs de l'Amour — les Plaisirs de l'Hymen, 2 p. en bistre, par *Aug. Legrand*.

540 — Le Modèle disposé, par *Chaponnier*. Magnifique ép. avant la lettre, toute marge.

541 — Le même. Superbe ép. avec la lettre, toute marge.

542 — La Chambrière complaisante. Magnifique ép. grande marge.

543 Chardin (d'ap.). La Serinette, par *Cars*. Magnifique ép., grande marge.

544 Choffard. Vue de la Bourse de Dunkerque, in-fol., d'ap. *Hardy*. Très-belle ép., rare.

545 — Vue de la ville d'Orléans, d'ap. *Desfriches*, 1761. Grand in-fol.

546 Cochin. La Charmante Catin — Inflexibilité de saint Bazile — Jacob aperçoit Rachel. 3 p.

547 — Le port et la ville du Havre, vue du pied de la tour de François Iᵉʳ, gravé par *Lebas*. Superbe ép., grand in-fol.

548 Coypel (d'ap. Ant.). Zéphyr et Flore. Sup. ép., par *B. Picart*.

Michel 11   Burat 15

Minel 7

Michel 10

Herzog 36

Herzog 30   Dob. 22

S. ... 60   Mathion 1.75   Germain 51   Dob 31

Herz 5

Dew. 3

Dew 1

Herzog. 20

Pap. 1 50

Allstar 10

Michel 5   Herzog. 10

Dob. 32   Sol. 20   Lind 10
00

Städte 15

Dob 9

Dob. 30   Herzog 30

549 **Dandré-Bardon** (d'ap.). La Naissance, par *Balechou*. Belle ép., toute marge.

550 **Daullé.** Croissez, tendres enfants, etc., d'ap. *Dumont le Romain*.

551 — La Vengeance de Latone, d'ap. *Jouvenet*. **Très-**belle ép., grande marge.

552 **Delaunay.** La Chute dangereuse, d'ap. *Meyer*. Très-belle ép.

553 — L'Abus de la Crédulité. Magnifique ép. avant la dédicace. Marge.

554 — Marche de Sylène, d'ap. *Rubens*. Magnifique ép. avant la dédicace. Marge.

555 **Drouais** le fils (D'après.) Enfants jouant avec un carlin. — Enfants jouant avec une marmotte. **2 p.** in-fol. en travers.

556 **Dugoure** (D'après). Roxelane. Sup. ép., par *Le Beau*, grande marge.

557 **Fragonard** (Honoré). L'Armoire, pièce capitale du maître à l'eau-forte, gr. in-fol. Magnifique ép., marge.

558 **Fragonard** (D'après). Le Pot au Lait, par *Ponce*.

559 — L'Éducation fait tout. — Le Petit Prédicateur. **2 p.**, par *Delaunay*. Magnifiques ép., grandes marges.

560 — La Coquette fixée, par *Couche* et *Dambraun*. Très-belle ép., marge.

561 — Le Chiffre d'Amour, par *Delaunay*. Sup. ép., marge.

562 — Le Verrou. — Le Contrat. **2 p.**, par *Blot*. Très-belles ép.

563 Fragonard (D'après). Le Baiser à la dérobée, par *Regnault*. Magnifique ép. avant la lettre, grande marge.

564 — La même. Sup. ép. avec la lettre.

565 — Le Serment d'Amour. Très-belle ép., par *Mathieu*.

566 — Le Songe d'Amour. — La Fontaine d'Amour. 2 p. gr. in-fol., par *Regnault*. Très-belles ép., grandes marges.

567 Freudeberg (D'après). Lison dormait, par *Triere*. Très-belle ép.

568 Freudenberger (D'après). La petite Fête imprévue, les Chanteuses du mois de mai et autres, et scène théâtrale, d'ap. *Ramberg*. 4 p. au trait.

569 Gerard (D'après Mlle). Les Regrets mérités, par *Delaunay*. Magnifique ép., marge.

— Le Judas. — L'Espoir du Retour.

— Dors mon Enfant.

— Les premières Caresses du jour.

    Ces 4 p., gravées par *H. Gerard*, gr. in-fol., sont de très-belles ép.

570 Godefroy, 1781. Tombeau de J.-J. Rousseau dans l'île des Peupliers, in-fol.

571 Greuze (D'après). L'Offrande à l'Amour, par *Macret*, en 1778. Sup. ép., marge.

572 — Le Gâteau des Rois, gr. in-fol., par *Flipart*. Très-belle ép. signée au revers par les artistes.

573 — Le Paralytique servi par ses Enfants, gr. in-fol., par *Flipart*. Très-belle ép. signée au revers.

574 — Les Remontrances du Curé, par *Levasseur*. Magnifique ép. avant la lettre, marge, rare.

Job. 44.

Michal 12

Michal 10   Job. 6.

Matthew 12.50

Matthew 5   Deut 8.

Matthew 5   Deut. 8

. Matthew 5

Mathon 5

Michel 4

Dav. 22   Giraud 11
               soutienne seule

                              Labille 20

                              Jod 25
Dob 17   Derr 5   Labille 15   rind 3.50

Michel 10   Derr 5   Labille 15   rind 3.50

Michel 10   Derr 5
  Michel 13   Derr 5   Labille 10
               Derr 7   Mathon 4.50   Labille 10
                                         le façon

Dav. 57   Mathon 4   Herzog 45   Labille 20

575 — L'Hermite, par *Marais*. Magnifique ép. avant
la lettre, marge, très-rare.

576 **Guttemberg**, 1778. La Bouillote avec le Coq
qui souffle le feu, orage causé par l'impôt sur
le thé en Amérique. Sup. ép., marge.

577 — 1786. La Réforme des Couvents en Brabant.
Belle p. gr. in-fol., d'ap. *Defrance*. Sup. ép. avant
la seconde ligne, marge.

578 **Hemery**. Inauguration de la statue de Louis
XV, d'ap. *de Machy*, gr. in-fol. Magnifique ép.,
grande marge.

579 **Ingouf**, 1786. Canadiens au tombeau de leurs
enfants. Très-belle ép., d'ap. *Le Barber*, marge.

580 **Jeaurat** (D'après). La Couturière. Sup. ép. —
Le Mari jaloux. 2 p., par *Balechou*, grande marge.

581 — Les Savoyards. — L'Enfance. — Le Goûté.
3 p.

582 **Lancret** (D'après). Le Turc amoureux. — La
belle Grecque. 2 p., par *Schmidt*.

583 — L'Adolescence, par *Larmessin*. Très-belle.

584 — Les Rémois, par de *Larmessin*. Sup. ép.,
marge.

585 — Pâté d'Anguilles, par de *Larmessin*. Sup. ép.,
marge.

586 — La Coquette de Village, par *de Larmessin*.

587 — Les Oies de frère Philippe.

588 — A femme avare galant escroc. — Le Faucon.
Ces 2 p. sont de *Schmidt*, quoiqu'elles portent le
nom de Larmessin.

589 — Le Jeu de Colin-Maillard, gr. in-fol., par
Cochin. Sup. ép., marge.

590 **Lavreince** (D'après). La Consolation de l'Absence, par *Delaunay*. Superbe ép.

591 — L'Innocence en danger, par *Caquet*. Magnifique ép., marge.

592 — Qu'en dit l'abbé ? par *Delaunay*. Magnifique ép. avant la dédicace, grande marge.

593 **Lebas**. Revue de la maison du roi au Trou d'Enfer, d'ap. *Le Paon*. Ancienne et très-belle ép. non pliée.

594 **Le Moine** (D'après). Adam et Eve. — Hercule et Omphale. — Le Temps enlevant la Vérité. — Céphale enlevé par l'Aurore. 4 p.

595 **Le Prince** (D'après). La Lettre envoyée, par *Delaunay*.

596 **Loutherbourg** (D'après). Le Four à chaux, par *Delaunay*. Très-belle ép., marge.

597 **Martini**, 1776. L'Armée romaine pénétrant dans le temple de Junon, gr. in-fol., d'ap. *Pajou*.

598 — Les deux Vues de l'île Barbe à Lyon un jour de fête. 2 p. gr. in-fol., d'ap. *Olivier*.

599 **Moreau**, 1783 (D'après). Vue du Château de Vincennes, près Paris. Très-belle ép., marge.

600 **Née** et **Masquelier**, 1778. Plan perspective de l'Ecole royale militaire. Superbe ép., d'après de *Lespinasse*, marge.

601 **Prud'hon** (D'après). L'Amour réduit à la raison, par *Copia*. Sup. ép., grande marge.

602 — Constitution Française, grande allégorie, par *Copia*. Sup. ép.

603 **Queverdo** (D'après). Nouvelle du Bien-Aimé, par *Romanet*. Sup. ép., marge.

Schuh 13.   Job 28

... 6 ... 2

Herzog 50   Michel 32   Job. 16   ... 15

Job 10

Michel 8.

Comu. 23.

Herzog 20   Job 15

Sol. 5   Herzog 25   Sol. 15

Herzog 72

Herzog 75   Dob 4

Herzog 20   Matthen 8

Herzog 75

Herzog. 100   Gommes 41

Sol. 90

604 Ransonnette. Vue perspective du nouveau Palais-Royal, d'ap. *Louis*, architecte. Sup. ép., marge.

605 Rigaud. Les Promenades du palais des Tuileries. — Les Promenades du Luxembourg. **2 p.** Sup. ép. avec adresse chez l'auteur.

606 — Vue du vieux Château de Saint-Germain-en-Laye. — Vue du Château neuf et du Village du Pecq. **2 p.** Sup. ép. avec adresse chez l'auteur.

607 — Vue du Château royal de Vincennes, du côté du jardin. — Vue générale, du côté du grand corps-de-garde. **2 p.** Sup. ép. avec adresse chez l'auteur.

608 — Diverses vues du Château de Chantilly. **6 p.** Sup. ép. avec adresse chez l'auteur.

609 — Diverses vues de Saint-Cloud. **4 p.** Sup. ép. avec adresse chez l'auteur.

610 Saint-Aubin (Aug. de). Au moins soyez discret. — Comptez sur mes serments. **2 p.** Magnifiques ép. avant la lettre, marge.

611 Saint-Aubin (D'après). Tableau des portraits à la mode. — La Promenade des Remparts de Paris. **2 p.**, par *Courtois.* Magnifiques ép., marge.

612 Schiavonetti. L'Adresse de Louis XVI à la Convention nationale avec trait explicatif des noms des personnages et discours du roi. — Liste des membres de la Convention. — Séparation de Louis XVI et de sa famille. — Le dernier Adieu de Louis XVI à sa famille. — Louis XVI montant à l'échafaud. **4 p.**, gr. in-fol. Sup. ép.

613 Sicardi (D'après). Oh ! che boccone ! — Oh ! che gusto ! — Come la trovate ? 3 p. in-fol. en bistre. Très-belles ép., marge.

614 Watteau (D'après). Embarquement pour Cythère, par *Tardieu*. Sup. ép., gr. in-fol. Le tableau est au musée du Louvre.

615 — La Mariée de village, par *Cochin*. Sup. ép., gr. in-fol., d'une pièce importante avec carrosses, etc.

616 Wille (J.-G.). Agar présentée à Abraham, d'ap. *Dietricy*. Très belle ép. On voit encore *20 platte*, 1776.

617 — La mort de Cléopâtre, d'ap. *Netcher*. Belle.

618 — Le Maréchal-des-logis, d'ap. *Wille fils*. Marge.

619 — Les Musiciens ambulants. Sup. ép. Collée.

620 — Les Offres réciproques. Magnifique ép., grande marge. Du Cabinet Winckler.

621 — Le Concert de Famille, d'ap. *Schalken*. Très-belle ép.

622 — L'Instruction paternelle, d'ap. *G. Terburg*. Magnifique ép. avant toute lettre avec les armes, avec un centim. de marge en plus du cuivre, rare.

623 — Les délices maternels. — Les soins maternels. 2 p. Sup. ép. avant que les armes et le titre soient effacés.

624 — Tante de Gérard Dow. Belle ép.

625 — La Dévideuse, mère de Gérard Dow, avec les armes et la dédicace. — La Liseuse, avec la dédicace à M. Usteri. 2 p. Belles ép.

626 — Tricoteuse hollandaise, d'ap. *Mieris*. Très-belle ép.

Henyng 15   Michel 20

Itte 30. Laperteis 25.50   Michel 56

Michel, 50   Dob 30

Pap. 5   Cardinal 20   Michel 15

Ip 3

Lind 11   Pap. 5
Pap. 5.

Brug 12   Lind 9   Pap 9

Brug 75   Pap. 5.   Weig 150   Dob 280

Pap 6.

Lind 7   Pap. 6

Pap. 3   Capduvil 18   Bern. 3.

Pap. 3   Lind 4. 20

Pap. 5

Capdevil 30   Pap. 5

Derr. 4   Pap 4

Pap. 2

Derr 6   Pap. 4

Capdevil   Pap 2
Drug. 30

Michel 4   Derr. 5   Herzog. 5
Michel 15   Herzog. 10

Lind 4

627 -- Le petit Physicien, d'ap. *Netscher*. Très-belle
ép.

628 — La Cuisinière hollandaise, d'ap. *Metzu*. — La
Gazettière hollandaise, d'ap. *Terburg*. 2 p.

629 — La Maîtresse d'Ecole, ép. du Cabinet Winckler.
— La petite Ecolière. 2 p. in-4. Superbes ép. avec
grandes marges.

630 — Bonne femme de Normandie. — Sœur de la
bonne femme de Normandie, d'ap. *Wille fils*. 2 p.
in-4. Très-belles ép.

631 — Philosophe du temps passé, d'ap. *Wille fils*.
Superbe ép.

632 — Sapeur des Gardes-Suisses. Magnifique ép.
avant la lettre avec les armes, et *J. G. Wille fecit*
au pointillé, marge.

633 --- Le même, avec la lettre. Superbe ép.

634 — Mark Petermann von Vestenville, mendiant sur
la droite de la planche ; le côté gauche est rempli
par un buste d'homme regardant à gauche, et un
profil de vieillard encadré à droite et y regardant.
 Ces trois sujets sont signés *J. G. W. del J. H.
R., sculp. aqua forti. Parisj* 1752. Rare.

635 — Le Pucelage. *Wille del. J. H. E. sculp.*, in-4.

636 **Wille** (D'après P. A.). Le Bouton de rose, par
Voyez l'aîné. Très-belle ép., marge,

637 — Les Conseils maternels. — La Mère indulgente,
par *Lempereur*. 2 p. Très-belles ép., marge.

638 — L'Essai du Corset. — Dédicace d'un poème
épique. 2 p. par *Dennel*. Très-belles ép.

ESTAMPES

IMPRIMÉES EN COULEUR

639 **Anonyme**. M. Necker, portrait gravé en couleur avec frise allégorique au bas. Sup. ép., marge.

640 **Arndt**. Prince de Lichtenstein, d'ap. *Tischbein*. Ovale in-4. en couleur. Superbe.

641 **Debucourt**. Le Menuet de la mariée. Magnifique ép. gravée en couleur avant la lettre avec les armes, grande marge de la plus belle conservation.

642 **Descourtis**. Foire de village. — Noce de village. 2 p. gravées en couleur, d'ap. *Taunay*. Magnifiques ép. avant toute lettre, grandes marges.

643 — Les mêmes. Sup. ép. avec la lettre, grandes marges.

644 **Jaminet**. L'Aveu difficile, d'ap. *Lavreince*. Magnifique ép. avant toute lettre, marge.

645 — L'Indiscrétion, d'ap. *Lavreince*. Magnifique ép. avant toute lettre, marge.

646 **Pichler**. Der Capuciner, d'ap. *R. Mengh*. Sup. ép. en couleur, marge.

647 **Ramberg** (Henri). Inconstance. — Fidélité. 2 charmants groupes d'enfants au trait sur la même planche. — Les mêmes, séparés et coloriés.

648 — Arrivée des troupes. — Séjour des troupes au quartier. 2 scènes de camps militaires coloriées, imitant l'aquarelle, signé.

B.

Philip   2 50

2 . 15   Jal. Cox.   Mathew 12.   Jean ... 105   Michel 102 Job 91.

B. 40

F. 40   Job. 52

F. 46   Herzog 50   Job. 52

Michel 10

Michel 15   Job. 17

Michel 10

Michel 28

Michel 12

Michel 15

Michel 20   Herzog 35,   B. 30   Philippe 2 50   Michel 29
                                                          Herl. 8

649 — Saltarello.—Scène romaine, d'ap..nature, 1799.
2 grandes pièces au trait.

650 — Lazarones. — Scène romaine. 2 p. d'après na-
ture, en 1799, gr. in-fol. Coloriées.

651 — Le Mitron. — Le Marché d'Esclaves, 1er état,
la femme de profil. Gr. in-fol. au trait. 2 p.

652 — Le Marché d'Esclaves, gr. in-fol. colorié, genre
d'aquarelle. Signé Ramberg.

653 — Marché d'Esclaves, réduction moitié grandeur
en noir. — La même en bistre. — La même colo-
riée à l'aquarelle.

654 — Contes de La Fontaine : le Villageois qui cherche
son veau. — Le Poirier enchanté. 2 p. ovales, petit
in-fol. en hauteur au trait.

655 — Les mêmes, coloriées à l'aquarelle.

656 — Joconde. — Le compère Pierre. 2 p., petit in-
fol. ovale en travers au trait.

657 — Les mêmes coloriées aquarelle. Signé

658 — Le Rossignol. — Les Lunettes. 2 p. gr. in-fol.
au trait.

659 — Les mêmes coloriées aquarelle.

660 **Sergent**. Les Amants surpris, gravé en couleur.
Magnifique ép. avant la lettre, marge.

661 **Sicardi**. Oh ! che boccone ! Superbe ép. in-fol.,
ovale en couleur, marge.

Renou et Maulde, imprimeurs de la Compagnie des Commissaires-Priseurs
rue de Rivoli, 144.   45650